Małgorzata Strzałkowska

Gimnastyka dla języka

(i Polaka, i Anglika)

Kolaże autorki, wyklejane we wtorki,
a niektóre kartki także we czwartki

Media Rodzina

ISBN 83-7278-122-2

Harbor Point Sp. z o.o.
Media Rodzina
ul. Pasieka 24, 61-657 Poznań
tel. (61) 827-08-50, fax (61) 820-34-11
e-mail:mediarodzina@mediarodzina.com.pl
www.mediarodzina.com.pl

Montaż elektroniczny:

perfekt, ul. Grodziska 11, 60-363 Poznań, tel. (61) 867-12-67
http://dtp.perfekt.pl, e-mail: dtp@perfekt.pl

Druk i oprawa:

Edica SA, ul. Forteczna 3-5, 61-362 Poznań

REGUŁY DLA GADUŁY

Dbaj o swój język i mów poprawnie,
ładnie, wyraźnie oraz dokładnie,
bo kto nie ćwiczy często języka,
ten się w mówieniu potem potyka.

Kiedy z tym miewasz jakieś kłopoty,
to się natychmiast bierz do roboty,
a że nasz język bywa ciekawy,
czeka cię przy tym mnóstwo zabawy!

Wymawiaj słowa bardzo starannie,
nawet gdy zmywasz lub siedzisz w wannie,
z wielkim zapałem ruszaj ustami
i razem ze mną ciesz się słowami!

Autorka

MOWA POLSKA

Od stuleci polska mowa
ma w zapasie różne słowa —
kto się ćwiczy w ich wymowie,
ten bez trudu je wypowie!
Nie wierzycie? Sprawdźcie sami,
powtarzając razem z nami:

Skrajem parku rudy stworek
targa z górki spory worek,
w worku miarkę, tarkę, rogi,
bierki, serki i pierogi,
w worku miarkę, tarkę, rogi,
bierki, serki i pierogi.

Nad rzeczułką nietoperze
taszczą paczkę poprzez perze,
w paczce kaszkę, ważkę, szelki,
muszkę, puszkę i muszelki
oraz miarkę, tarkę, rogi,
bierki, serki i pierogi.

Brzęczą pszczółki nad rzeczułką:
— Tu się trzeba puknąć w czółko!
Na cóż kaszka, ważka, szelki,
muszka, puszka i muszelki?
Po co miarka, tarka, rogi,
bierki, serki i pierogi?

Wszystko po to, aby z gracją
cieszyć się artykulacją,
bo kto ćwiczy się w wymowie,
znajdzie radość w każdym słowie!
Nie wierzycie? Sprawdźcie sami,
powtarzając razem z nami!

TUREK, PTUREK I OGÓREK

Gbur spod Pturka w stroju nurka
zrobił piórkiem portret Turka —
na targ porwał portret Turek
i zamienił na ogórek.

LULA

Tulipany tuli Lula,
w tulipanach Lula hula,
tulipany tuli pan,
tulipanów Luli fan.

GRZECZNA DAMA

Grzecznej damie, tuż nad uchem,
brzuchomówca brzęczał brzuchem —

brzdęk, brzdęk! brzdąkał na gitarze,
niczym dżezmen grał na tarze,

bzyczał jak na wiolonczeli
i brzmiał niczym trzódka trzmieli,

skrzypiał wdzięcznie jak skrzypeczki
i podzwaniał jak dzwoneczki.

Grzeczna dama, oburzona,
rzekła strasznie obrażona:

— Uhu-huhu! Uhu-huhu!
Ależ panu burczy w brzuchu!

TYP SPOD SOPOTU

W połowie lata, w pewną sobotę,
typ spod Sopotu kupił kapotę,
lecz miał z kapotą niemały kłopot,
bo mu kapota wpadała w łopot.

Klap! klap! kapota klapie na typie,
typ spod kapoty na klapy łypie,
klapie klapami typa kapota,
z łopotem typem kapota miota.

Wtem tupnął na mnie typ spod Sopotu:
— Dość mam łypania, klap i łopotu!
Kto dziś kupuje ten typ kapoty?!
I po co pisać takie głupoty...

WACUŚ STOKROTKA,
CZYLI PRZYPADKI PRZODKA

Pewien młodzieniec, Wacuś Stokrotka,
spędzał wakacje u swego przodka.
A był to przodek niezwykle rzadki,
odmieniał bowiem się przez przypadki.

Rankiem, gdy lekki dokuczał chłodek,
otulał Wacka kołdrą — kto? — przodek.

Potem szedł przodek nakarmić kotka,
Wacek nie widział więc — kogo? — przodka.

Nie tracąc czasu, śniadanko robił,
by móc je zanieść — komu? — przodkowi.

Gdy wreszcie przodka Stokrotka spotkał,
w czółko całował cmok! — kogo? — przodka.

Wiódł Wacuś z przodkiem życie dość słodkie,
lecz coś się nagle stało — z kim? — z przodkiem.

Został po przodku kawior na spodku
i słuch zaginął — o kim? — o przodku.

Stanął więc smutny Wacuś przy płotku,
wołając tęsknie: — O! Przodku! Przodku!

Niestety — przodek, choć fakt to rzadki,
znikł, gdy odmienił się przez przypadki.

Aa
Bb
Cc
Dd
Ee
Ff
Gg
Hh
Ii
Jj
Kk
Ll
Łł

ABECADŁO

Moi drodzy! Abecadło
to jest liter zgodne stadło —
wszystkie stoją grzecznie w rządku,
w zgrabnym szyku i porządku.

A, choć zawsze jest na czele,
to się tym nie chwali wcale,
Ż, choć tkwi na samym końcu,
wciąż się czuje doskonale.

Każda z liter jest potrzebna,
bo słów przecież jest bez liku —
zaraz to możecie sprawdzić,
choćby tylko w tym wierszyku:

ara **b**udzi **c**ara, **d**urne **e**mu **f**ika,
gna **h**iena **i** **j**enot **k**rokiem **l**unatyka,
łypie **m**ors **n**a **o**sę, **p**stry **r**ak **s**adzi **t**uje,
upiór **w**oła **y**eti, **z**aś **ź**rebak **ż**ongluje!

Mm
Nn
Oo
Pp
Rr
Ss
Tt
Uu
Ww
Yy
Zz
Źź
Żż

BUŁA, BIBUŁA

Buła, bibuła,
baobab, baba,
żądło, żarówka,
żyrafa, żaba,
rurka, rewolwer,
rabarbar, robot,
chochoł, chałupa,
chleb, Chechło, chrobot,
pszczoła, pszczołojad,
Pszczyna, pszenica,
źrebak, ździebełko,
źródło, źrenica,
szczebel, szczelina,
szczebiot, szczekanie,
Ćmielów, ćma, ćwikła,
ćwiek i ćwierkanie,
szal, szafa, szyszka,
szewc, szeryf, sześć,
czub, czoło, Czesław,
czyżyk i — cześć!

Spyta ktoś, co stąd wynika?
Gimnastyka dla języka!

ŁĄKA Z BĄKIEM

Bąk na pąk spadł z jękiem z sęka,
odtąd pąk się bąka lęka,
a że bąk ma żal do pąka
więc sęk odtąd nęka bąka.

AKTOR I TRAKTOR

Rudy aktor ukradł traktor
i traktorem orał rolę.
— Brawo! Brawo! Ale rola —
darł się tłum spod parasola.

GWAŁTU! RETY! CO SIĘ DZIEJE?!

Gwałtu! Rety! Co się dzieje?!
Co tak pędzi poprzez knieje?!
Tak szeleści, chrzęści, trzeszczy,
jęczy, stęka, zgrzyta, wrzeszczy,
postukuje stuku-puku!
ćwir, ćwir! ćwierka, kuka kuku!
wali bęc! i rzuca trach!
pluszcze plusk! i spada bach!
chrupie chrup, chrup! łupie łup, łup!
dzyń, dzyń! dzwoni, tupie tup, tup!
czasem klapie klap, klap, klap!
to znowu człapie człap, człap, człap!
Co tak warczy, miauczy, gdacze?!
Tak rechocze, szczeka, kracze?!

Echo się na nogach słania,
bo już dość ma powtarzania —
zapiszczało coś żałośnie
i uciekło, gdzie pieprz rośnie!
Pochowały się zwierzaki
i umilkły wszystkie ptaki,
bo przez lasy i przez knieje
pędzą onomatopeje!!!
Każda robi bum! i brzdęk!
naśladując jakiś dźwięk,
każda szura, szumi, skrzypi
i chichocze cha, cha! chi, chi!

Gdy już miały dość hałasu,
zbiegły się na skraju lasu
i wrzasnęły: „Pa! Cmok, cmok!
Zobaczymy się za rok!”

ŻYCIE W PSZENŻYCIE

Jeśli w pszenżyto ruszysz o świcie,
ujrzysz, jak chrzęści życie w pszenżycie —

brzęczy żuczek,
skacze liszka,
szepcze tygrzyk
do widliszka,
świerszcz za ważką
gna w podskoczkach,
nie spuszczając
chrząszcza z oczka,
świdrzyk, wstężyk
i winniczek
kroczą boczkiem
do dżdżowniczek,
a szczypawy
pośród trawy
szczypią trzmiele
dla zabawy.

Szumi o świcie życie w pszenżycie —
sami zajrzyjcie, jak nie wierzycie!

MLECZE

Tam, gdzie strużką rzeczka ciecze,
błyszczą w słońcu cztery mlecze.
W każdym mleczu pszczoła brzęczy,
drżą w skrzydełkach barwy tęczy.

(Tu rzec muszę nie od rzeczy:
pszczoły sączą nektar z mleczy).

Nagle dreszcz pszczołami wstrząsa,
straszny deszcz je z mleczy strząsa,
bo gdy deszcz na dworze siecze,
tulą płatki wszystkie mlecze.

Tam, gdzie strużką rzeczka ciecze,
drżą na deszczu cztery mlecze.
Gdy przejaśni się na dworze,
wtedy wiersz ten skończę. Może...

BOB, BÓB I BABA

Pod Babim Dołem za baobabem
o bułę z bobem Bob błagał babę
i o bób tocząc z babą batalię,
bębnił w bębenek, bambus i balię.

Potem dał dyla w badyle z bobem,
by bób od baby zdobyć sposobem,
lecz choć do bobu afektem pałał,
baba Bobowi bobu nie dała.

Bo gdyby bobem się podzieliła,
to by już inna historia była —
Bobowi pewnie miło by było,
a babie bobu w mig by ubyło.

RYCERZ ROCH I JEGO GROCH

W Prabutach rycerz Roch
uprawiał w lochu groch.

Ponuro było w lochu,
więc rósł groch, lecz po trochu.

Roch groch już rok hodował,
aż groch go zdenerwował.

W pochmurny wtorek rano
Roch w progu lochu stanął.

Groch zgarnął w zgrabną kupkę
i ugotował zupkę.

A w lochu od tej pory
uprawia pomidory.

PIEŚŃ ZĘBÓW

Do zęba rzekł raz pewien ząb:
— Ja jestem silny niczym dąb!
I gdy jedzenia czuję smak,
na całe gardło śpiewam tak:

„Szarp, gryź i rwij!
Miażdż, rąb i drzyj!
Siecz niczym miecz
i tnij, i bij!
Odważny bądź
i dzielny bądź,
i gryź, i trzyj,
i dziel, i rządź!”

Gdy to usłyszał zębów chór,
wnet bohatera wziął za wzór
i odtąd z pysków, buź i gąb
rozbrzmiewa pieśń przy wtórze trąb:

„Szarp, gryź i rwij!
Miażdż, rąb i drzyj!
Siecz niczym miecz
i tnij, i bij!
Odważny bądź
i dzielny bądź,
i gryź, i trzyj,
i dziel, i rządź!”

KOCURY

Rudy kocur w kolorowym garniturku
gra na trąbie serenadę na podwórku,
serenadę gra na trąbie,
rabarbarem drewno rąbie,
rekinami dyrygując w rybim chórku.

Bury kocur w okularach i turbanie
turla perły po królewskiej porcelanie,
na organkach ćwiczy chorał,
zagłuszając cały morał,
a więc wierszyk bez morału pozostanie.

DZIDZIA, LIDZIA, LODZIA, BODZIO

Płynie łodzią Dzidzia z Lodzią,
obok łodzi Lidzia chodzi,
a gdzie Bodzio się zapodział,
nie wie Dzidzia ani Lodzia.

Nagle Lodzia widzi Bodzia,
jak po wodzie mknie na kłodzie,
więc do Bodzia kwili: „Bodziu!
Ustąp Lodzi! Co ci szkodzi?”

I ustąpił Bodzio Lodzi,
bo być miłym nie zaszkodzi —
podniósł w górę Bodzio Lodzię
i posadził ją na kłodzie.

Teraz Lodzia mknie na kłodzie,
w łodzi siedzi Dzidzia z Bodziem,
a gdzie się podziała Lidzia,
nie wie Bodzio ani Dzidzia.

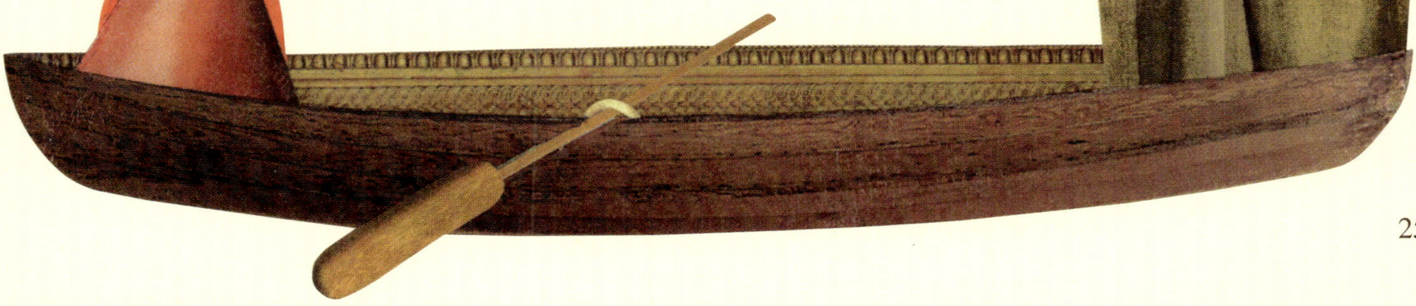

HIPOPOTAM HASA W HOLU

Hipopotam hasa w holu,
hrabia Henryk huka w polu,
haftka huśta się na haku,
halabarda — na hamaku,
tylko chochla wlazła w kątek,
bo się czuje jak wyjątek.

PO CO TO TU

Po co to tu kuca?
Co to tak tu kica?
Kuca kucyk na donicy,
a w stolicy na ulicy
kica tycia kicia.

ZAGADKA

Pewien Anglik, bawiąc w Polsce,
wszedł do Przemszy dla ochłody
i wśród ciszy nagle słyszy,
jak mu szumią Przemszy wody:
„W Kiekrzu żuczek
wszedł na buczek,
zszedł z leszczyny
wąż spod Pszczyny,
do Raciąża
pszczoła zdąża,
a dzik dzika
nie unika.
W Szczebrzeszynie
chrząszcz drży w trzcinie,
trzódka leszczy
w Biebrzy wrzeszczy,
w stronę Zgierza
zwierzę zmierza,
jeż się jeżyć
nie zamierza”.

Anglik słucha, słucha, słucha...
Raptem z Przemszy jak nie wrzaśnie:
— Kto wymyślił coś takiego?!

A to polski język właśnie.

SŁOWNICZEK

afekt — niezwykle silne uczucie (na przykład takie, jak Boba do bobu), które trwa na ogół dość krótko

artykulacja — wymawianie głosek; *artykułować* znaczy wyraźnie wymawiać

baobab — potężne, rosnące w Afryce drzewo o jadalnych owocach; nie wiadomo, skąd się wzięło pod Babim Dołem

batalia — wielka bitwa

chochla — wielgachna łycha

chorał — poważny, uroczysty i podniosły utwór muzyczny

dżezmen — muzyk dżezowy, a także wielbiciel muzyki dżezowej. Brzuchomówca z wiersza o grzecznej damie był i jednym, i drugim

fan — miłośnik, wielbiciel, entuzjasta

gbur — człowiek niegrzeczny, nieokrzesany, mrukliwy

gracja — wdzięk, powab, urok

kapota — okrycie wierzchnie; dawna nazwa długiego okrycia, noszonego przez panów. Typ spod Sopotu lubił tylko pewne typy kapot

knieja — wielki las, pełen wszelkiego zwierza

morał — wniosek, czyli nauka, którą często kończy się wiersz lub baśń

loch — głębokie pomieszczenie pod budynkiem, zamkiem lub pałacem, wykorzystywane dawniej jako więzienie; rycerz Roch wykorzystywał je do hodowli grochu, a następnie pomidorów

onomatopeja — wyraz dźwiękonaśladowczy, czyli taki, który naśladuje różne dźwięki

pszczołojad — drapieżny ptak z rodziny sokołów; uwielbia jadać trzmiele, osy i pszczoły; w Polsce znajduje się pod ochroną

pszenżyto — sztucznie wyhodowane zboże; połączenie pszenicy z żytem

serenada — krótki utwór muzyczny na głos lub instrument; dawno temu zakochani panowie wykonywali go pod oknem swojej wybranki

świdrzyk dwufałdkowy — ślimak o smukłej muszli w kolorze żółto-brązowym; jego skorupka wyposażona jest w specjalne wieczko, które zamyka się, gdy ślimak chowa się do środka

tygrzyk paskowany — pająk o odwłoku podobnym do odwłoka osy; zjada małe owady, które chwyta w okrągłą pajęczynę, zawieszoną między roślinami

widliszek — owad z rodziny komarów; panny i panie widliszki odżywiają się krwią ludzi i zwierząt, więc spotkanie z nimi nie należy do przyjemności

wstężyk — ślimak o żółtej skorupce w brązowe pasy; lubi jeść zielone części roślinek; jesienią zagrzebuje się w ziemi i śpi do maja

SPIS TREŚCI